I0546630

L^7_K
771

DISCOURS

PRONONCÉ LE 21 JUILLET 1833,

PAR M. BORÉLY,

PROCUREUR GÉNÉRAL EN LA COUR ROYALE D'AIX,

A L'INAUGURATION DU MONUMENT

ÉLEVÉ

A MANUEL,

DANS LA VILLE DE BARCELONNETTE (*BASSES-ALPES*).

MARSEILLE,

TYPOGRAPHIE DE FEISSAT AÎNÉ ET DEMONCHY,

Imprimeurs de la Ville et du Commerce,

RUE CANEBIÈRE, N° 19.

1833.

DISCOURS

PRONONCÉ LE 21 JUILLET 1833,

PAR M. BORÉLY,

PROCUREUR GÉNÉRAL EN LA COUR ROYALE D'AIX,

A L'INAUGURATION DU MONUMENT

ÉLEVÉ A MANUEL,

DANS LA VILLE DE BARCELONNETTE (*BASSES-ALPES*).

COMPATRIOTES,

A peine victorieuse dans le mémorable combat des Trois Journées , encore debout sur les barricades parisiennes, la Révolution de Juillet évoquait déjà , dans tout l'enthousiasme d'une reconnaissance spontanée, le glorieux souvenir des grands Citoyens qui avaient le plus énergiquement hâté son triomphe immortel : c'est aux noms de MANUEL, de FOY, de LAROCHEFOUCAULT , qu'elle rouvrait les

portes du Panthéon et qu'elle rétablissait la sublime inscription :

AUX GRANDS HOMMES
LA PATRIE RECONNAISSANTE.

Mais, magnanime dans tous ses actes, cette révolution qui ne se proclamait qu'au nom de la justice
et des lois, hésita, en quittant le champ de bataille , à inaugurer au pas de charge les statues de
ses chefs, et ne voulut pas conquérir leur apothéose
par la force des armes.

Toujours doué d'un admirable instinct pour les
hautes convenances, le peuple français céda, même au milieu des joies de la victoire, à tout ce que
commande la dignité nationale : le besoin de satis-
faire sa reconnaissance ne lui fit pas improviser la
consécration de l'immortalité.

Les honneurs suprêmes ne doivent être décernés
qu'avec les formes de la plus imposante solennité.
Une nation qui achève la conquête irrévocable de
tous ses droits, en connaît déjà toute l'étendue ;
elle veut être la première à en imprimer le respect
en les respectant elle-même.

Ainsi, après l'œuvre de sa toute-puissance, la
Révolution de 1830 reprend possession de son
temple; mais elle place encore toute sa gloire à
ne déférer la rémunération des sépultures nationales qu'avec l'austère gravité et la marche régu-

lière des institutions dont elle a fait choix. Dans les gouvernemens représentatifs, le vœu des majorités publiquement discuté, librement exprimé, commande cette soumission universelle qui fait la force des peuples civilisés, et donne individuellement à l'homme tant de grandeur et tant de dignité.

Déjà les élus du peuple ont été appelés, l'an dernier, à payer envers trois illustres morts les dettes sacrées de la patrie. Car les immortels services de Manuel, de Foy, de Larochefoucault, retracent eux seuls la révolution dans son but, ses conséquences et ses résultats : et, comme le répétaient encore plusieurs députés de cette législature, ces trois grands orateurs ont été les principaux mobiles, les vrais organes et pour ainsi dire les précurseurs du changement politique qui s'opéra si glorieusement en 1830.

Par une déplorable *division*, par un des plus fâcheux contre-temps parlementaires, les admirateurs du courage et du patriotisme de ces grands citoyens s'empressèrent de prévenir, peut-être, quelque outrage nouveau contre ceux dont les combats avaient été les plus opiniâtres et les prévisions les plus sûres. La proposition fut retirée ; et la loi qui allait sanctionner pour les garanties de l'avenir et la rémunération du passé une de nos plus morales, une de nos plus bienfaisantes institutions, fut ajournée à une époque meilleure.

Avec les bienfaits de la presse et par les vœux réitérés des communes et des départemens, la vérité ne peut plus aujourd'hui être long-temps voilée en France, et les services publics ne doivent plus être oubliés ni méconnus.

La plus modeste cité du royaume, la commune de la plus pauvre vallée des Alpes, le département le plus éloigné du centre des lumières, viennent, par l'unanimité de leurs suffrages et de leurs concours, par les démonstrations de leur vénération profonde, consacrer un modeste et touchant hommage qui, du haut de ces montagnes, pourra rappeler à la France entière ce qu'elle doit aux mânes d'un Citoyen doué du plus pur patriotisme et du courage le plus inébranlable.

Honneur à vous, bons et reconnaissans montagnards ! honneur, honneur à Barcelonnette humble berceau d'un grand homme !

Oui, mes Compatriotes, oui, c'est ici que devait être donné un mémorable exemple à la France et à ses mandataires. C'est au milieu de vous que Manuel fut mieux connu, que ses vertus publiques, sa carrière parlementaire ont toujours été plus justement appréciées. C'est sur l'extrémité de ces frontières, c'est au fond de nos cœurs que ses énergiques prédictions, ses invariables *répugnances* réveillaient si profondément les sentimens d'indépendance nationale et toutes les haines qu'enfantent les priviléges et les préjugés.

Jeune, à l'armée et au barreau, Manuel montra devant l'ennemi et dans les discussions judiciaires, cette énergie d'action, cette supériorité de lumières qui manifestent l'homme appelé à donner la haute impulsion dans les affaires d'un pays.

Mais, comme défenseur de la patrie ou du plus humble citoyen, sous les armes comme sous la toge, il sut ramener les devoirs de ces diverses positions sociales au plus saint, au plus respectable des devoirs, celui du triomphe de la liberté et de la justice. Dans les camps il ne contracta que l'habitude du danger et le besoin de le vaincre; à la barre, la facilité des discussions publiques et l'habileté de les conduire. Là, l'obéissance passive du soldat; ici, la froide argumentation d'intérêts privés ne purent imprimer aucune atteinte à ce caractère fort, élevé, planant au-dessus des combinaisons vulgaires de la stratégie ou de quelques lois civiles. C'est ainsi que les esprits supérieurs résistent aux circonstances extérieures qui les entourent et conservent ces immenses facultés qui sont le patrimoine des générations futures, puisqu'elles leur assurent une plus large part de liberté, de bonheur et de bien-être.

Aussi à peine parut-il dans les assemblées législatives, à peine se montrait-il sur ce nouveau champ de bataille où toutes ses forces allaient se mouvoir plus à l'aise et se trouver au niveau des grandes circonstances qui décident de la destinée des empires, que, citoyen de courage, Français de cœur et puissant orateur de tribune, il prophétisa nos longs malheurs et protesta, mais vainement alors, contre les prétentions d'une famille et d'une caste ennemies que nous ramenait l'étranger.

Après le désastre de Waterloo, lorsque nos vieilles phalanges entouraient la Capitale et la Chambre des représentans, au bruit du canon et la veille d'une seconde restauration plus humiliante encore que la première, Manuel s'exprimait ainsi dans son mémorable projet d'adresse :

« Le gouvernement, quel qu'il soit, que peut-
« il faire de plus utile que de rallier pour tou-
« jours, sous les couleurs nationales, tous les Fran-
« çais qui n'ont d'autre intérêt et d'autres vœux
« que de jouir d'un repos honorable et d'une sage
« indépendance ?

« Maintenant, la Chambre des représentans croit
« de son devoir et de sa dignité de déclarer qu'elle
« ne saurait avouer pour chef légitime de l'État
« celui qui, en montant sur le trône, refuserait de
« reconnaître les droits de la nation et de les con-
« sacrer par un pacte solennel. Et si la force des
« armes parvenait à nous imposer momentané-
« ment un maître, si les destinées d'une grande
« nation devaient être livrées aux caprices et à
« l'arbitraire d'un petit nombre de privilégiés,
« alors cédant à la force, la Chambre des repré-
« sentans protestera à la face du monde entier des

« droits de la nation française opprimée , et en
« appellera à l'énergie de la génération actuelle et
« de la génération future , pour revendiquer à la
« fois son indépendance nationale et sa liberté
« civile : elle en appelle dès à présent à la justice
« et à la raison de tous les peuples civilisés. »

Que nous laissent à dire de telles paroles , lorsque nous venons les rappeler après la conquête du
drapeau national , après l'expulsion d'une dynas-
tie qui , *n'ayant rien appris ni rien oublié* , avait
méconnu tous nos droits et qui , chaque jour,
s'efforçait d'en effacer les plus légers vestiges?
Quelles expressions peuvent peindre ce grand et
sublime talent , comparable seulement au plus sublime et au plus grand courage?

Mais ce talent et ce courage n'ont-ils pas laissé
des traces plus profondes encore dans nos fastes
législatifs? Rapporteur de la déclaration des droits
des Français et des principes fondamentaux de la
Constitution qui s'élaborait au bruit du canon
grondant sous les murs de Paris , Manuel proposait
la rédaction de cet art. 13 qui fesait la base prin-
cipale de notre Révolution de Juillet :

« Le prince soit héréditaire , soit appelé par
« élection , ne montera sur le trône de France
« qu'après avoir prêté et signé le serment d'ob-
« server et de faire observer la présente déclara-
« tion. »

Ainsi, comme publiciste, comme orateur, notre

illustre compatriote s'élève, dès ses débuts parlementaires, à la plus haute position de la Chambre. Ce premier rang, il n'a cessé de le conserver dans les diverses législatures auxquelles l'appelèrent avec tant de discernement et tant de constance, les Français qui étaient le plus menacés dans la jouissance de leurs droits les plus sacrés.

L'imposante cérémonie qui nous réunit dans cette enceinte ne peut nous permettre de vous retracer ici tous les travaux, tous les combats de ce puissant athlète. C'est à travers cette longue lutte et au milieu de discussions si périlleuses que se prépara le triomphe du gouvernement constitutionnel. C'est à la Chambre des députés que se réfugièrent tous nos principes de liberté, de grandeur politique que les divers ministres de la contre-révolution tentaient d'exclure avec tant de soin des lois civiles et de l'administration publique. Mais là, l'éloquence conserva le feu sacré, et c'est alors qu'une opposition vraiment nationale adressa à l'émigration triomphante ces prophétiques paroles : *oui, vous êtes* 3oo *dans cette chambre, mais au dehors nous sommes* 3o *millions.*

Ces élans de vérité et de courage formèrent les réputations et dessinèrent les grandes physionomies de nos plus habiles orateurs. L'un révéla cette parole militaire qui électrisait tous nos cœurs parce qu'elle partait d'un cœur français ; l'autre, publiciste consommé, déroulait toujours à pro-

pos, avec une admirable clarté et une verve ingé
nieuse d'aperçus hardis, cet immense répertoire
de doctrines et d'argumens qui ont tant contribué
à fonder notre droit constitutionnel.

Un membre de cette immortelle opposition, un
seul ne put consentir à resserrer le combat dans
le préliminaire des discussions. Manuel ne se
trouva pas compatible avec le régime représentatif
qu'abâtardissait la restauration. Il fut brutalement
empoigné et expulsé par la violence avec le man-
dat que lui avaient donné les électeurs.

C'est dans cette circonstance de ses combats
multipliés, c'est dans cette phase si humiliante
de nos annales législatives que notre illustre ami ,
déployant toute la puissance du talent, réunie au
courage le plus inflexible , dit à ses implacables
adversaires : *Vous voulez me repousser de cette
tribune, je serai votre première victime ; puissé-je
être la dernière! Mais je le déclare : si je pou-
vais être animé de quelque désir de vengeance,
victime de vos fureurs, je confierais à vos fureurs
le soin de me venger.*

Cette vengeance, personne ne se la fût mieux
donnée que Manuel lui-même. Si la mort ne l'eût
point ravi à la patrie quelques années plus tôt,
on l'eût vu pendant les trois journées diriger le
combat des barricades comme il dirigeait les at-
taques de la tribune. Et nous qui, comme le
poète national, avons toujours été si avancés

dans la plus étroite intimité de Manuel, nous aussi, nous pouvons répéter avec le même degré de conviction, que son courage de vieux soldat l'eût inévitablement porté en tête de tout ce qui s'est fait de grand en 1830. Le lendemain, il n'eût pas été seulement *forcé d'accepter une part aux affaires du gouvernement nouveau*; il eût organisé lui-même l'administration qui se formait à l'Hôtel de Ville. Là, entouré d'amis éprouvés, d'hommes animés d'un patriotisme inébranlable, à côté du patriarche de la liberté des deux mondes, il eût dicté le vrai programme qui aurait tout d'abord et irrévocablement imprimé cette marche ferme et régulière qui impose aux mauvaises passions, maîtrise les ambitions subalternes et subjugue toutes les volontés. Celui qui marchait en avant d'un peuple qui n'avait *d'autre intérêt et d'autres vœux que de jouir d'un repos honorable et d'une sage indépendance*, eût porté le premier jalon des libertés publiques aussi avant qu'il pouvait être porté; mais une fois planté, il l'eût tenu avec une main qu'on n'eût ni facilement ébranlée ni témérairement attaquée.

Au milieu des vains efforts aristocratiques et des impuissantes tendances jésuitiques de la restauration, le nom qui était devenu si cher aux amis de la patrie, fût devenu plus cher encore, après la victoire des Barricades, aux amis de l'ordre et d'un gouvernement franchement légal et sincèrement constitutionnel. Si Casimir Périer eut l'énergie de proclamer les vrais, les seuls principes qui devaient rassurer la masse d'une grande nation et dissiper à jamais tant d'inquiètes et turbulentes hésitations, Manuel, mieux encore que ce grand homme d'état, nous avons l'orgueil et l'intime conviction de le dire, notre illustre Manuel, inévitablement appelé le premier, au premier rang du pouvoir, puissamment doué de cette portée et de cette présence d'esprit si nécessaires dans les momens suprêmes, eût fortement embrassé et fondé irrévocablement le seul système réclamé par l'époque.

Les hommes d'état manquent quelquefois de cette audace que suit les grandes pensées; et leurs tentatives n'avortent ordinairement que par l'absence de la pénétration qui embrasse toutes les difficultés, et de la volonté qui porte à les vaincre. Pour avoir une existence politique qui inspire la confiance publique, il faut avoir une valeur individuelle dont rien ne puisse altérer l'empreinte. Alors on fonde un système et l'on met son ambition et toute sa gloire à le défendre. Ce n'est pas Manuel qui eût désiré le pouvoir pour le pouvoir : mais il l'eût saisi pour jeter bas tous les restes de cette vieille aristocratie, incompatible avec la nation, comme elle était antipathique avec tout son être. Il eût voulu garder le pouvoir pour élever toutes les barrières qui doivent protéger long-temps encore les libertés publiques contre d'implacables ennemis.

Et cet homme, qui a été le plus populaire de tous ceux qui ont contribué à l'affranchissement du peuple, Manuel, mieux qu'aucun autre, voulait surtout que le pouvoir monarchique fût entouré d'institutions fortes et indépendantes. Manuel ne ressemble en rien à tous ces artisans de popularité factice qui cherchent à tromper les masses et qui sont toujours disposés à modifier leurs principes sur la combinaison de leurs intérêts.

Après avoir contribué à l'érection d'un trône populaire, Manuel eût inévitablement voulu honorer et soutenir le grand œuvre auquel il eût pris une si large part.

Mais il n'eût voulu, nous en sommes certain, il n'eût voulu en juillet 1830, que ce qu'il réclamait en 1815 : *Paix honorable, indépendance vraie, Constitution réciproquement acceptée et jurée, élection du Souverain.* Il eût d'autant plus défendu le chef actuel de l'état, que notre Roi-Citoyen apporta sur le trône toutes les garanties que promettent une haute et imperturbable raison, une longue expérience et une famille nombreuse, élevée dans les rangs de la génération nouvelle.

Tel fut, tel aurait certainement été notre illustre compatriote. Manuel, le grand Manuel mérite donc tout cet éclat d'estime publique, ces témoignages de notre affection et de nos souvenirs.

Que cette ovation municipale, que notre véritable fête de famille précèdent la manifestation de la reconnaissance nationale. Lorsque ce sont les communes qui frappent aux portes du Panthéon, les législateurs ne peuvent plus différer la sanction des vœux populaires. Dans ces circonstances le pouvoir n'est point en arrière de la nation. Le gouvernement ne se montre plus aujourd'hui en arrière de tout ce qui touche aux gloires, aux sympathies, au bonheur de la France.

Dans huit jours, au troisième anniversaire des grandes journées, S. M. inaugurera la statue de l'Empereur Napoléon sur la Colonne de la place Vendôme. La ville d'Ajaccio n'a voté son monument au grand homme du siècle qu'après ces nouveaux hommages de la France entière. Ce sont encore les ministres de Louis-Philippe qui ont pris l'initiative sur les honneurs de la sépulture nationale à accorder à Manuel, à Foy, à Larochefoucault-Liancourt.

Secondés par les nobles inspirations d'un prince si français, si éclairé sur l'état et les besoins du pays, puissent les vœux unanimes des sages habitans de cette vallée, des bons citoyens de ce département et de tout le ressort de la Cour Royale réunis ici autour d'une image chérie, puissent tant de souhaits être enfin exaucés ! que Manuel au Panthéon, comme dans sa ville natale, reçoive toutes les récompenses qu'il a si bien méritées !

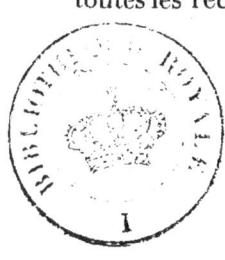

FIN.

190

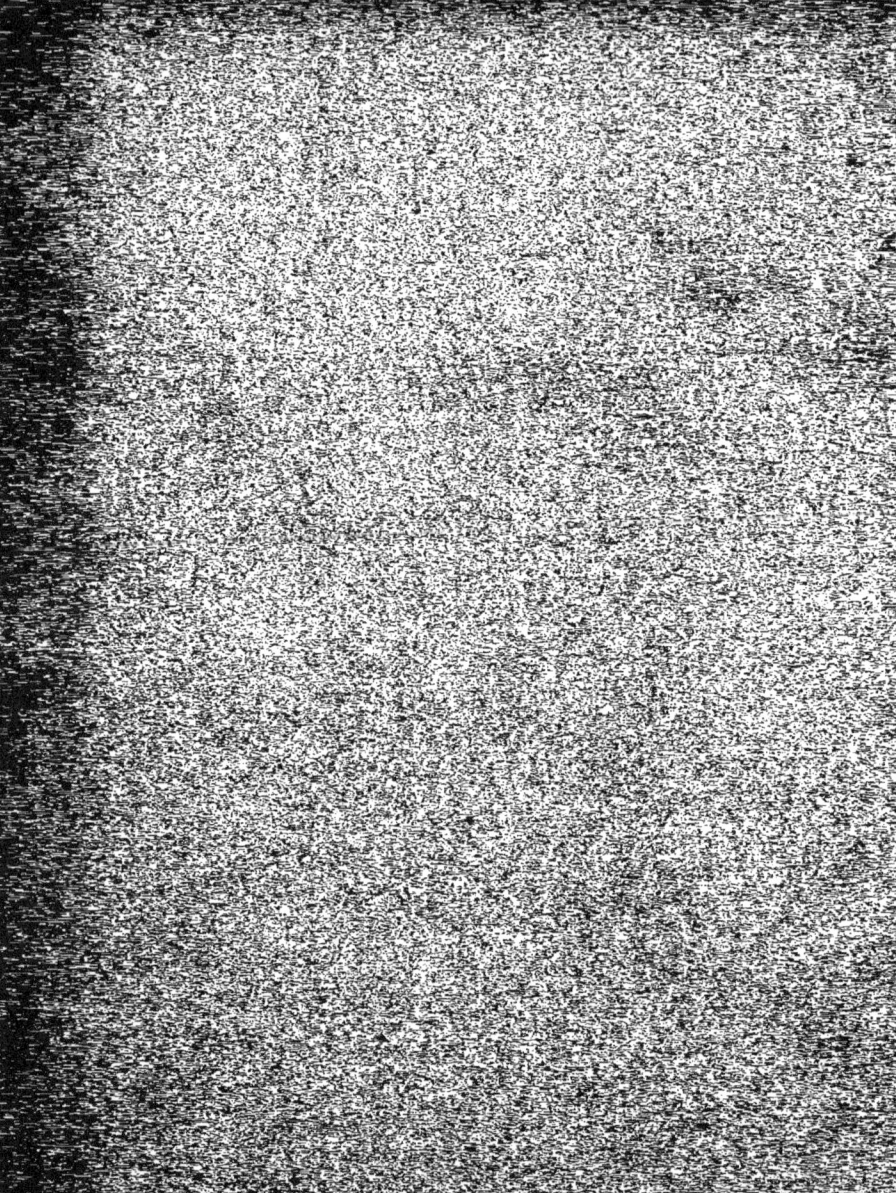